KORPORATION DER KAUFMANNSCHAFT VON BERLIN

HANDELS-HOCHSCHULE BERLIN

Das Persönliche im Handel

Zur Feier des Geburtstages Sr. Maj. des Kaisers am 27. Januar 1914 in der Aula der Handels-Hochschule

vorgetragen von

Professor Dr. Hellauer

Berlin 1914

Druck und Verlag von Georg Reimer

Für die Frage, in welchem Verhältnisse das Persönliche zum Handel steht, kommt in Betracht auf der einen Seite die Beeinflussung des Handels nach Art und Umfang, nach Organisation und Durchführung durch die persönlichen Eigenschaften der in ihm tätigen Menschen, auf der anderen Seite die Beeinflussung der Persönlichkeitsentwicklung durch die Handelstätigkeit. Naturgemäß scheidet bezüglich letzterer aus der Betrachtung aus die indirekte Beeinflussung, die darin besteht, daß der Handel jene materiellen Mittel erlangen läßt, deren der Mensch bedarf, um sich kulturell zu entwickeln und auszuleben — ein spezifisch volkswirtschaftlich-soziologisches Problem. Aber auch die unmittelbare Beeinflussung der Persönlichkeitsentwicklung durch die Betätigung im Handel, dadurch, daß der einzelne seine Kräfte im Handelsgetriebe einsetzt, sie mit jenen der anderen mißt, sich kämpfend wehrt und vorstößt und durchzudringen trachtet — auch diese Beeinflussung hat so viel Soziologisches im engeren Sinne an sich, daß ich sie bei einer privatwirtschaftswissenschaftlichen Darstellung, die ich im Rahmen meines Faches vornehmen will, zumindest zurückrücken muß.

Die Hauptaufgabe meiner Betrachtung wird somit sein, zu zeigen, wie das Persönliche auf den Handel wirkt, und zwar vornehmlich auf seine Organisation, Technik und privatwirtschaftlichen Erfolge. Den Begriff Handel fasse ich dabei in jenem weiteren Sinne, in dem er in einem Tauschverkehr zwischen verschiedenen Wirtschaftssubjekten besteht, die im Tausche Güter zu erlangen streben, die sie höher schätzen als die hinzugebenden. Bei dieser Auffassung fällt nicht nur die zweiseitige Tauschtätigkeit des Händlers, der auf der einen Seite kauft, um auf der anderen mit Gewinn zu verkaufen — der

Handel im engeren Sinne —, sondern auch die Tauschtätigkeit des Produzenten und Konsumenten zu dem gedachten Zwecke in den Handelsbegriff.

Um es vorwegzunehmen: Keine wirtschaftliche Tätigkeit ist so sehr erfüllt und bedingt vom Persönlichen und gleichzeitig so frei von sachlicher Bedingtheit wie der Handel. In der Produktion steht doch der Mensch in erster Linie vor einem technischen Problem. Technische Verhältnisse sind es, die vor allem die Art der Anlagen, die Organisation des Betriebes, ja vielfach selbst die Größe der Unternehmung bedingen — und das sowohl außerhalb des Prinzips der Wirtschaftlichkeit, als besonders innerhalb desselben. In der Tauschtätigkeit ist dagegen der Mensch verhältnismäßig nur ganz wenig von technischen Verhältnissen abhängig. Und je entwickelter die Technik der Ortsveränderung der Güter und die Technik ihrer Aufbewahrung und Erhaltung (Konservierung) geworden ist, desto mehr Freiheit von sachlichen Elementen hat er gewonnen. Er knüpft an Differenzen in der Wertschätzung der Güter an, also an etwas rein Persönliches, um diese Differenzen durch Tauschakte, d. h. einerseits durch einen Rechtsvorgang, also etwas Unmaterielles, anderseits — doch nicht immer — durch den technisch im allgemeinen einfachen Vorgang der körperlichen Übergabe der Güter, eventuell verbunden mit zeitweiser Aufbewahrung, auszugleichen. So besteht der Handel als privatwirtschaftliche Tätigkeit in der Hauptsache in der Formulierung von Rechtsakten.

Bei diesen Rechtsakten treten nun die Kontrahenten in einem Doppelverhältnisse miteinander in Verbindung. Man kann sagen: der Handel ist eine Tätigkeit für und wider andere. Die Geschäftsfreunde des Handels — so lautet ja der übliche Ausdruck — sind Freund und Feind gleichzeitig, halb kommen sie einander entgegen und erweisen sich Dienste, halb bekämpfen sie sich nach allen taktischen Regeln: mit lauernder Zurückhaltung und verblüffendem Vorstoß, mit weitschweifigen Umgehungen und knapper Rücksichtslosigkeit.

Am deutlichsten tritt das beim Handel im engeren Sinne vor Augen, den man auch als Dienstleistung für diejenigen, zwischen die er tritt, letzten Endes für Produzenten und Konsumenten ansehen kann, indem er dem einen zu einer besseren Verwertung seiner Güter, zu einem privatwirtschaftlich günstigeren Tauschakte verhilft, aber auch dem anderen Teil zu einer privatwirtschaftlich günstigeren Bedarfsdeckung. Er ist ihr Vermittler, ihr Helfer, er macht sich ihnen privatwirtschaftlich nützlich, er sucht aber gleichzeitig, d. h. bei denselben Tauschakten, auch für sich gewöhnlich den größtmöglichen Nutzen zu erzielen, und wird damit zum Gegner derjenigen, für die er handelt, deren privatwirtschaftlichen Nutzen er zugunsten seines eigenen nach Möglichkeit zu beschränken sucht.

Ist aber der Handel auf diese Weise gleichzeitig ein Zusammenwirken und Entgegenwirken von Personen in Rechtsakten, so müssen die Art seiner Durchführung und seine Erfolge von der Eigenart der in ihm tätigen Personen ganz vornehmlich abhängen. Sicher spielt auf Seiten der einzelnen Unternehmung die Größe des Kapitals und ihre Form, insbesondere die Art der Ware mit ihren besonderen Eigenschaften, eine immerhin noch große Rolle. Das Kapital der Handelsunternehmung läuft aber verhältnismäßig rasch um, ist daher auch in seinen Eigenarten leicht veränderlich, sodaß die unternehmende Persönlichkeit ihm gegenüber ungleich mehr Herrschgewalt hat als beim stehenden Kapital der Produktionsunternehmung. Die Persönlichkeit vermag in der Handelsunternehmung — die wie jede Unternehmung eine Verbindung von Kapital und Persönlichkeit darstellt — viel souveräner zu wirken und durch ihr Wirken schließlich in viel höherem Maße den endlichen Erfolg zu bedingen.

Natürlich soll damit nicht übersehen werden, daß außer den privatwirtschaftlichen Verhältnissen, die wir da ins Auge gefaßt haben, immer das volkswirtschaftliche

Verhältnis der Marktlage für den kommerziellen Erfolg des einzelnen von maßgeblicher Bedeutung bleibt. Dieses volkswirtschaftliche Verhältnis ist aber nur das Resultat der privatwirtschaftlichen Betätigung der einzelnen in ihrem Angebot oder ihrer Nachfrage. Wie viel Persönliches wirkt aber hier wieder mit. Wie ist die markttechnische Wirkung einer Nachfrage doch abhängig nicht nur von der objektiven Größe des Bedarfes, sondern auch davon, wie das betreffende Wirtschaftssubjekt den Bedarf empfindet, ob es der Möglichkeit oder Notwendigkeit der Bedarfsdeckung mit Ruhe oder Nervosität entgegensieht, ob es die Nervosität den Gegenkontrahenten und damit dem Markte — man denke ganz vornehmlich an jenen Markt, der, wie für jede Markterscheinung, auch für alles Persönliche am empfänglichsten ist: die Börse — ich sage also, ob es seine Nervosität dem Markte zu verbergen versteht oder nicht, ob es leidenschaftlich auftritt und damit andere mitreißt oder ob ihm das Mitziehen anderer gelingt auch nur durch das persönliche Ansehen, dessen es sich auf dem Markte erfreut.

Jeder einzelne Handelsakt — und damit auch der Markt als eine Gesamtheit von solchen — wird in seiner Gestaltung beeinflußt durch die Persönlichkeiten der Vertragskontrahenten oder — wie der Sprachgebrauch bezeichnenderweise auch sagt — der Vertragsgegner. Das Widerspiel der Persönlichkeiten formt den Handel und bedingt seine Erfolge. Darum ist im Handel die eigene Persönlichkeit als Ganzes ebenso von Bedeutung wie das Geschick in der Behandlung der anderen. Feinfühligkeit für Kräfte und Schwächen im Menschen muß sich im tüchtigen Kaufmann mit Erfahrung zu einer tiefgründigen Menschenkenntnis paaren. Man kann deshalb den Handel mit Berechtigung bezeichnen als eine Kunst, mit Menschen zu verkehren, oder auch: als eine Kunst, das Persönliche (in sich und den anderen) zu nutzen.

Die Persönlichkeit kommt gewöhnlich schon bei der Gründung des Unternehmens zur Geltung, eventuell bei der Wahl des Handelszweiges — es gibt Handelsbranchen der Großzügigkeit und des Kleinigkeitssinns, wo der Gewinn aus der Beachtung und Verfolgung vieler Kleinigkeiten hervorgeht, Artikel des weltwirtschaftlichen Risikos, die großen Konjunktur- und Spekulationsartikel, und solche, die sich gewöhnlich in ruhigen, national begrenzten und gesicherten Bahnen bewegen; auch die Wahl zwischen Binnen- und Außenhandel, zwischen Kontinental- und Überseehandel ist oft von Persönlichem beeinflußt; weniger gilt das — hier pflegt der Mensch doch mehr von sachlichen Verhältnissen geschoben zu werden — bei der Wahl der Handelsart, wie Groß- oder Kleinhandel, Eigen- oder Kommissionshandel, dagegen häufig in hohem Maße bei der Wahl der Form der Unternehmung — ob Einzel- oder Gesellschaftsunternehmung — Kettung an andere, Verzicht auf einen Teil seiner Selbständigkeit — ob offene Handelsgesellschaft, bei der das ganz besonders zur Geltung kommt, oder Kommanditgesellschaft oder nur Heranziehung von stillen Gesellschaftern zum Zwecke der Kapitalvergrößerung, dann gar die Frage, ob persönlich haftend, unbeschränkt, dafür aber auch mit der Möglichkeit, das Unternehmen mehr oder minder nach freiem eigenen Willen zu leiten, oder Aktiengesellschaft mit der beschränkten Haftung, aber auch den Fesseln des Aufsichtsrates und der Generalversammlung, die, wenn nicht immer, so doch gegebenenfalls drückend zu sein vermögen — weiter bei der Wahl der Größe des Unternehmens — wie weit man das eigene Vermögen engagieren will, oder in welchem Maße man fremdes Kapital in das Unternehmen hereinzuziehen gesonnen ist — oft wird das eine Frage des reellen Sinnes oder der Neigung, geschäftliche und gesellschaftliche Gefahren einzugehen, sein — bzw. in welchem Maße man es wird hereinziehen können infolge des Kredits, den man sich zum Teil durch seine Persönlichkeit zu verschaffen versteht. Ganz besonders wird aber die Wahl des Sitzes der Unternehmung — ob im Inlande oder im Auslande, ob in Europa oder in Übersee — von persönlichen Neigungen und Fähigkeiten abhängen.

Hier zeigt sich deutlich, wieviel freier von sachlicher Bedingtheit der Handelsunternehmer ist gegenüber dem Produktionsunternehmer. Mit der Wahl des zu erzeugenden Produkts pflegt der Produktionsunternehmer an bestimmte Produktionsstätten gebunden zu sein, sei es, weil dort benötigte Roh- oder Hilfsstoffe gewonnen werden, oder weil ihr Bezug sich dorthin am leichtesten und billigsten stellt, oder weil nur dort das entsprechende (geschulte, billige) Arbeitermaterial vorhanden ist u. s. f. Mit einiger Übertreibung kann man sagen: dem Handelsunternehmer steht für die Wahl seines Unternehmungssitzes die Welt frei. Gerade im großen Weltverkehr des Überseehandels spielt die Wahl der Waren, mit denen man arbeiten will, eine nur sehr untergeordnete Rolle bei der Unternehmungsgründung. Zuerst wählt man den Unternehmungssitz und dann nimmt man jene Artikel in seinen Handelsbetrieb auf, mit denen sich eben Handel treiben läßt.

Maßgebend wird dagegen für die Wahl eines ausländischen oder gar überseeischen Unternehmungssitzes sein, ob man die Fähigkeit besitzt — Anlagen und Kenntnisse —, sich unter fremden Völkern zu betätigen, und ob man die Lust hat, die heimatliche Scholle zu verlassen, unter anderen als den gewohnten Verhältnissen zu leben, eventuell gewissen Lebens-, auch Kulturgenüssen zu entsagen, höhere Kraftanstrengungen, als es das Leben in der Heimat verlangt, auf sich zu nehmen, vielleicht auch Gefahren verschiedener Art zu trotzen — um auf der anderen Seite zu erlangen: höhere Gewinnmöglichkeiten, aber auch die Möglichkeit, andere Völker und Länder und Lebensverhältnisse kennen zu lernen, seinen Blick zu weiten, seine Persönlichkeit zu entwickeln, seine Kräfte in kühneren Unternehmungen, als sie die gefestigten heimischen Verhältnisse zulassen, zu erproben und zu stärken. Hier wird die persönliche Verschiedenartigkeit sich ganz besonders bemerkbar machen.

Bezeichnet man die Lust, ins Ausland, insbesondere nach Übersee zu gehen, um sich dort wirtschaftlich zu betätigen — und zwar nicht nur als selbständiger Unternehmer, der Kapital in größerem Maße einsetzt, sondern auch als Agent oder als Angestellter — zusammen mit der in energischem

Streben sich geltend machenden Lust, vom Inlande aus großzügige internationale Unternehmungen einzugehen, als weltwirtschaftliche Energie, so kann man sagen, daß die weltwirtschaftliche Energie des einzelnen als eine persönliche Eigenschaft nicht nur imstande ist, ihm erhöhte Erwerbsmöglichkeiten zu erschließen, sondern auch den Anteil seines Heimatlandes am Welthandel zu vergrößern. Denn, selbst von allem Patriotismus abgesehen — der aber trotz aller Verketzerung des Kaufmannes, dessen Aufgabe allerdings die Betätigung nach dem privatwirtschaftlichen Prinzip ist, auch in diesem und in einer bedeutenden kaufmännischen Persönlichkeit erst recht wirksam zu sein pflegt — führen den international tätigen Kaufmann gerade seine geschäftlichen Interessen — seine Kenntnisse vom heimischen Markte, von heimischen Firmen, seine Beziehungen zu solchen, gesellschaftlicher Verkehr, Förderungen, die er eher bei heimischen Banken, Schiffahrtsgesellschaften u. a. Unternehmungen findet, schließlich handelspolitische Unterstützungen verschiedener Art — dazu, in erster Linie doch immer zu streben, die Fäden seines internationalen Geschäftsbetriebes im Heimatlande zu verankern. Auf diese Weise werden von den dem internationalen Handel sich zuwendenden Volksangehörigen weitaus die meisten zu ganz naturgemäßen Förderern der weltwirtschaftlichen Interessen ihres Landes. Und die Ausdehnung des Exporthandels in Industrieerzeugnissen, die gewöhnlich nur in Konkurrenz zu den Exportbestrebungen anderer Industrieländer vor sich zu gehen vermag, bedarf einer solchen Förderung durch die eigenen Volksangehörigen in hohem Maße.

Und so können wir auch sagen, daß an der großartigen Ausdehnung des deutschen Anteils am Welthandel, der in den letzten Dezennien vor sich gegangen ist, die weltwirtschaftliche Energie des deutschen Kaufmannes hauptbeteiligt ist. Sächliche Verhältnisse allein könnten diese Ausdehnung sicher nicht erklären. Erst ohne Kolonien, später mit wirtschaftlich doch wenig wertvollen, ohne große Überschüsse von Anlagekapital, das Betätigung nach dem Auslande drängen würde, mit Produktionsbedingungen, die keineswegs immer die besten sind, hat Deutschland das kolonial- und kapitalreiche Frankreich weit überholt, und hat es die kommerzielle Weltherrschaft der Engländer gründlich erschüttert. Das wird erst begreiflich, wenn wir z. B. sehen, welche Rolle der deutsche Kaufmann trotz allen nationalen Protektionismus in französischen Kolonien innehat, wie er in der Reisindustrie Indochinas voransteht, wie das erste Handelshaus Saigons ein deutsches ist, wie deutsche Handelsfirmen in Madagaskar aus einer dominierenden Position gewaltsam zurückgedrängt werden mußten und noch immer eine große Rolle in französisch-westafrikanischen Kolonien spielen, ja wenn wir hören, daß sogar manche scheinbar französische Firma in Algier tatsächlich eine deutsche — oder auch schweizerische — ist, bei der des nationalen Protektionismus halber nur ein französischer Strohmann vorgeschoben wurde. Der F r a n z o s e hat eben nicht den Hang, außer Landes zu gehen — er läßt sich vornehmlich nur als Soldat oder Beamter hinausschicken — ja er hat in seiner großen Neigung nach sicheren Renten im Durchschnitt so wenig Lust, sich auch nur vom Inlande aus weltwirtschaftlich im Handel zu betätigen, daß der deutsche Kaufmann selbst auf französischen Welthandelsplätzen einen immerhin nicht unbedeutenden Platz einzunehmen vermochte. — Ganz anders ist es ja mit dem E n g l ä n d e r. Die Erlangung der kommerziellen Weltstellung geht allerdings zum großen Teil auf staatliche Förderung zurück. Die weltwirtschaftliche Energie des einzelnen hat aber dabei doch eine große Rolle gespielt. Mit der geschichtlichen Entwicklung Englands ist sie zuerst gewachsen, schließlich aber auf einem Punkte der Ruhe angelangt. D i e E n g l ä n d e r s i n d h e u t e d i e A r i s t o k r a t e n i m W e l t h a n d e l. Noch immer steckt das Verständnis für denselben aus der historischen Entwicklung heraus jedem einzelnen im Blute, mehr als bei irgendeinem anderen Volke. Sie haben sich aber zu sehr daran gewöhnt, die Herrschenden, die Besitzenden zu sein. An Aktivität stehen sie doch dem Deutschen heute weit nach. Der kommerzielle Aristokrat kann sich nicht so ohne weiteres dazu verstehen, den wirtschaftlichen Möglichkeiten nachzujagen, sich mit aller Kraft zu bestreben, Kunden zu gewinnen, indem man sie persönlich aufsucht, ihren Bedürfnissen und Neigungen nach allen Seiten zu entsprechen trachtet, mit den Preisen aufs äußerste herab und mit den Kreditfristen bis zum äußersten hinaufgeht. Das fühlt der Engländer zum großen Teil als etwas Unwürdiges und — er verachtet es zum Teil im Deutschen. Deshalb dringen aber auch die deutschen Kaufleute immer mehr in englische Kolonien ein — und ohne die imperialistische Differentialzollpolitik zugunsten des Mutterlandes in den großen parlamentarischen Kolonien wäre das schon viel weiter — und deshalb steht der englische Kaufmann in einer jungen Kolonie, wie es Britisch-Ostafrika ist, wenigstens was den gewöhnlichen Handelsverkehr anbelangt, ganz zurück, und das nicht nur gegen die zwei großen deutschen ostafrikanischen Welthäuser, sondern gegen eine internationale fremde Kaufmannschaft. Ja, auf den englischen Welthandelsplätzen — in Liverpool, dem jüngeren Platze, mehr als in London — spielt der deutsche Kaufmann heute eine ganz hervorragende Rolle.

Betrachtet man, was sich dem Expansionsdrang des deutschen Handels und der deutschen Weltwirtschaft überhaupt im Verhältnis zu den gleichartigen Bestrebungen Frankreichs und Englands entgegenstellt, so muß man ausnahmsweise zugestehen, es ist in erster Linie etwas Sachliches: *der große Kapitalsüberschuß dieser Länder*, der nach Verwendung im Auslande drängt, um dort für das eine Land ganz besonders eine politische Rolle zu spielen, dem anderen Lande aber zu ermöglichen, in der Weltwirtschaft noch immer die erste Macht zu bleiben.

Bezüglich des Persönlichen wäre in diesem Zusammenhange noch darauf hinzuweisen, daß die weltwirtschaftliche Energie und ihre Negierung nicht die einzigen persönlichen Eigenschaften sind, die auf den zu erlangenden Anteil am Welthandel Einfluß ausüben. *Andere Eigenschaften können die Wirkungen der weltwirtschaft-*

lichen Energie aufheben oder auch einen teilweisen Mangel an derselben ersetzen. Für ersteres geben die Japaner ein Beispiel. Voll von weltwirtschaftlicher Energie, die sie auch in reichstem Maße einerseits in China, teilweise auch schon in Südasien, anderseits in Südseegebieten betätigen, möchten sie in derselben auch zu Europa und zu Amerika in direkte Handelsbeziehungen treten und ihre kommerzielle Bildung — Japan hat bekannterweise schon verhältnismäßig lange eine Reihe von Handels-Hochschulen oder doch etwas Ähnliches — würde sie vollauf dazu befähigen. Infolge der geschichtlichen Entwicklung — der Kaufmannsstand gehörte früher zu den verachtetsten Klassen der Bevölkerung — haften demselben aber noch moralische Mängel an: er gilt als unverläßlich im Handelsverkehr. Diese persönliche Eigenschaft ist ein Hemmnis für die internationale Ausbreitung des direkten Handelsbetriebes der Japaner über Asien hinaus und damit auch für die Entwicklung des japanischen Welthandels seinem Gesamtumfange nach.

Auf der anderen Seite findet das aristokratische Handelsvolk der Engländer in ihrer gegenüber anderen Handelsvölkern heutigentags etwas geringeren Handelsenergie einen Ersatz an einer persönlichen Eigenschaft, die so recht aristokratisch ist, in seiner strengen Reellität. Man läßt sich im Welthandel von einem englischen Kaufmanne strengere Vertragsbedingungen gefallen und billigt ihm höhere Preise zu in dem sicheren Gefühle, dafür unbedingt solide Ware zu bekommen und in jeder Hinsicht reell bedient zu werden. Neben ihrem Kapitalreichtum und allerdings auch der vollendeten Beherrschung der Technik in der weltwirtschaftlichen Verwendung desselben finden heute die Engländer in dem Rufe der Reellität eine der besten Stützen ihrer vorherrschenden Stellung im Welthandel. —

Das Persönliche wirkt auch in hohem Maße in der Organisierung des Handels und in der Technik desselben, auf diesem Umwege aber auch wieder auf die nationale und internationale Handelsentwicklung. Schon die Organisierung der einzelnen Handelsunternehmung wird von persönlichen Momenten vielfach beeinflußt. Der Grad der Rührigkeit, der Gewissenhaftigkeit, der Ehrlichkeit der Angestellten wird bei der Verteilung ihrer Aufgaben, bei der Schaffung von Leitungs- und Kontrollstellen, in der Kassengebahrung und selbst in buchhalterischen Einrichtungen zu berücksichtigen sein. Manche Eigentümlichkeit in der Organisation deutscher, englischer, überseeischer Geschäfte ist auf nationale Verschiedenartigkeit in den Eigenschaften der Angestellten zurückzuführen. Um ein krasses Beispiel zu wählen: die eigentümliche Organisation eines europäischen Handelsunternehmens in China, in dem ein angesehener Chinese, der höhere Kaution zu stellen vermag, als Unterchef im Hause bestellt wird, indem er die chinesischen Bediensteten anzustellen, zu leiten und für sie gutzustehen hat, ist auf solche Weise zu erklären, aber auch, daß man dort gegen kleine unredliche Nebenverdienste der chinesischen Angestellten — squeeze genannt — nachsichtig zu sein und sie einfach als Kalkulationspost zu behandeln pflegt. — Bei nur geringer Verschiedenheit meint doch ein Handelshaus in England dem Personal gegenüber vielfach mit geringeren Kontrollmitteln auskommen zu können als ein Handelshaus in Deutschland. Natürlich geht auch manche Verschiedenartigkeit in der Organisation auf die persönliche Eigenart der Leiter zurück, indem der eine auf stramme Ordnung, strenge Kontrolle, erzwungene Anspannung der Kräfte der Angestellten mehr Gewicht legt als ein anderer.

Wie der Erfolg eines Handelshauses von den persönlichen Eigenarten der Angestellten abhängig ist, braucht wohl nicht näher ausgeführt zu werden. Es genüge, diesbezüglich auf den angestellten Reisenden hinzuweisen, der sich im Auslande zu betätigen hat. Die Anstellungsverträge müssen sich den persönlichen Eigenarten anpassen: man denke nur an die Wahl bei der Anstellung eines Reisenden zwischen Vergütung von Vertrauensspesen oder von Diäten, zwischen Entlohnung mit festem Gehalt oder Provision oder beidem zur Hälfte.

Dann aber die Organisation des Handelsverkehrs. Der Einfluß des Persönlichen in ihr wird besonders im internationalen Verkehr infolge der nationalen Verschiedenartigkeiten deutlich erkennbar. Wenn wir sehen, daß die Fabrikanten in England und Frankreich ihren Auslandshandel und insbesondere den Überseehandel vornehmlich oder ausschließlich Zwischenhändlern überlassen, während die deutschen und österreichischen Fabrikanten das europäische Geschäft in erster Linie direkt betreiben, von Übersee aber Aufträge nicht selten direkt zu gewinnen trachten und, wenn sie von selbst einlaufen, verhältnismäßig selten zurückweisen, so ist das ausschließlich durch nationale persönliche Eigenarten bzw. Neigungen zu erklären. Will man aber einen direkten Betrieb des Exportgeschäftes organisieren, so muß man dabei — soll es mit Erfolg geschehen — die Eigenarten der Käuferkreise in den Absatzgebieten, teilweise aber auch die nationalen Eigentümlichkeiten der Hauptkonkurrenten dortselbst berücksichtigen. Man kann beispielsweise den Exportbetrieb vornehmlich auf schriftlichen Verkehr nur gründen bei entsprechender Bildung, kommerzieller Gewandtheit und Einsicht — so daß der Käufer sich nicht durch jede erstbeste mündlich vorgetragene Offerte von zufriedenstellenden Geschäftsbeziehungen abwenden läßt — und bei entsprechender Vertrauenswürdigkeit der Käuferkreise. Je weniger verläßlich und sonst kreditfähig die Käufer sind — z. B. durch allzu spekulative Neigung, die auf manchen Überseeplätzen die einheimischen Kaufleute häufig zu derartigen Risikoübernahmen führt, daß ihre Kreditwürdigkeit sich von heute auf morgen verändern kann —, desto mehr ist eine ständige persönliche Interessenvertretung am Platze und Beaufsichtigung notwendig und kann deshalb vernünftigerweise nur bei Verwendung von Agenten, eventuell sogar nur von Filialen direkter Exporthandel nach den Absatzgebieten getrieben werden, wenn man es nicht vorzieht, dort nur mit europäischen oder nordamerikanischen Import-Zwischenhändlern, die in solchen Fällen gewöhnlich vorhanden sein werden, in Verbindung zu treten. Auch die Verwendung von Agenten ist erst möglich gegenüber Käufern, die auf einer gewissen Stufe kultureller bzw. kommerzieller Entwicklung stehen und deshalb zu Lieferungskontrakten mit europäischen Exporthäusern befähigt sind. Je weniger verläßlich und befähigt die Agenten sind, die einem zur Verfügung stehen, desto angezeigter ist es, jene Methode der Handelsorganisation anzuwenden, mit denen die deutsche Geschäftswelt ihre großen Handelserfolge der letzten Dezennien ganz vornehmlich erzielt hat, trotz der Agenten Reisende in die Absatzgebiete zu entsenden, teilweise zur Kontrolle der ersteren. Von besonderer Bedeutung ist es, bei Wahl der anzuwendenden Reklame auf Bildungsgrad, Art der Kultur, Geschmack, Lebensgewohnheiten, also durchwegs Persönliches der Kreise, für die die Reklame bestimmt ist, Rücksicht zu nehmen, aber auch auf die Eigenarten tonangebender Konkurrenten, die sich in deren Reklame ausdrücken. So wird die amerikanische Reklameweise immer mehr auf ostasiatischen Plätzen tonangebend, während im näheren Orient die Berücksichtigung französischen Geschmackes vielfach am Platze ist.

Im inländischen Handelsverkehr gewinnen gewisse nationale Eigenarten des Deutschen in der allgemeinen Organisation immer größere Bedeutung. In keinem Lande der Welt besitzt heute das H a n d e l s k a r t e l l eine so große Bedeutung wie in Deutschland. In rascher Folge nehmen die Kartelle des Handels zu und regulieren heute schon einen großen Teil des Handelsverkehrs. Teilweise liegt die Ursache hiervon wohl in der großen Entwicklung der Produktionskoalitionen in Deutschland und deren Organisation — volkswirtschaftliche Eigenarten, die übrigens auch vornehmlich auf persönliche Eigenarten zurückzuführen sind, wie Wiedenfeld überzeugend darstellt in seinem Buche „Das Persönliche im modernen Unternehmertum", in dem er hauptsächlich untersucht, welche Rolle das Persönliche des Unternehmers in der Industrie spielt — teilweise liegt sie aber auch unmittelbar in diesen persönlichen Eigenarten. Es ist der Sinn für Organisation und die Befähigung hierzu, die ganz besonders aus Charakterdisziplin hervorgeht, in der der einzelne bei Erkennung des Vorteils sich zu bestimmen vermag, auf schrankenlose Ausnutzung der Einzelsituationen zu verzichten und der Organisation sich zu fügen, auch wenn es dieser schwer fällt — wie so häufig beim Handelskartell —, das Vorgehen des einzelnen stets unter zwingender Kontrolle zu halten.

Wenden wir noch einen Blick auf die Technik des Handels, so sehen wir unschwer, wie auch in ihr das Persönliche tiefgreifend wirkt. Schon bei der Form des Geschäftsabschlusses: ob schriftlich, ob nur mündlich, ob in kurzer Festlegung der Hauptabmachungen oder ob mit detaillierten Vertragsbestimmungen bis zu den äußersten Eventualitäten. Wird letzteres häufig von der einen Seite vorgenommen wegen der wenig verläßlichen Qualitäten der anderen, so kann der Grund auch nur in den Eigenarten des Formulierenden sein, der, selbst streng reell, Gewicht darauf legt, daß alle Möglichkeiten von vornherein geregelt sind, vielleicht hart für den Gegenkontrahenten, aber klar — der Fall der Engländer, die u. a. diese Methode sowohl als Importeure für Überseeprodukte, als auch im Betriebe des überseeischen Bankgeschäftes anwenden. Im Kaufvertrage selbst gibt es fast keine Bestimmung, die nicht von Persönlichem beeinflußt sein könnte. Klar liegt das bezüglich der Kredit- und Zahlungsbedingungen oder der Bedingungen für den Streitfall. Aber auch in welcher Weise die Beschaffenheit der zu liefernden Ware vertragsmäßig festgelegt wird — ob nur auf Grund einer genauen Besichtigung der ganzen Ware oder nach Muster oder auch nur nach Beschreibung gekauft wird, wie die Beschreibung erfolgt mit Rücksicht auf kommerzielle Versiertheit, Kultur- bzw. Bildungsgrad des Käufers oder der Gefahr unredlicher Auslegung durch denselben —, in welcher Weise die Ware aufzumachen ist — eine Vertragsbedingung, die sich vornehmlich nach Persönlichem richtet —, die Art der Preisanstellung — ob Preise in der Währung des Käufers oder des Verkäufers oder einer dritten Währung, ob einschließlich Versendungskosten oder nicht oder auch nur einschließlich Emballagekosten oder nicht — alles Fragen des Entgegenkommens an Neigungen oder Fähigkeiten des Käufers, gelegentlich aber auch der Vorsicht —, dann die Rabatt- und Skontopolitik, weiter die Abmachungen bezüglich der Lieferzeit — nicht jeder Kontrahent eignet sich überhaupt für Lieferungsgeschäfte —, bezüglich der Verzugsfolgen, bezüglich des Übergangs der Gefahr und viele andere — das alles kann mit Rücksicht auf persönliche Eigenarten auf der einen oder anderen Seite formuliert werden oder muß es vielfach werden, sei es um überhaupt ins Geschäft zu kommen, sei es zur Sicherung des privatwirtschaftlichen Erfolges.

Deutlich tritt das wieder an einem überseeischen Beispiel zutage. Welch ein Unterschied in der Aufnahme von Orders in Südamerika und in Indien, zwischen der südamerikanischen Petido und dem indischen Indent. Dort eine knappe Festlegung der Order nach ihrem Hauptinhalt: Menge und Art der zu liefernden Ware, Preis, Zeit und Art der Lieferung, Zahlungsbedingungen — im übrigen ein Vertrauensgeschäft, bei dem nach Handelsgebrauch das europäische Haus, dessen Reisender oder Vertreter die Order aufgenommen hat, dieselbe annullieren darf, wenn in der Zwischenzeit — seit den letzten Preismitteilungen an den Reisenden bzw. Vertreter — die Preise in Europa in die Höhe gegangen sind, ein Handelsgebrauch, auf den nicht immer in der Petido ausdrücklich Bezug genommen wird. Dabei sind die Zahlungsbedingungen meist sehr entgegenkommend — häufig 6 Monate offene Buchschuld oder dreimonatliches Akzept, wobei die Verschiffungsdokumente gewöhnlich gegen Akzept ausgefolgt werden — also nicht erst gegen Bezahlung — neuestens auch schon vielfach direkt an den Käufer eingesandt werden. Häufig heißt es in der Petido bezüglich der Vertragsbedingungen außerhalb Qualität, Menge und Preis einfach: „wie immer“ oder Ähnliches. Und dabei pflegt die Abwicklung, soweit die Zahlungsfähigkeit des Käufers reicht, glatt vonstatten zu gehen, denn die neben den Angehörigen der großen europäischen Handelsvölker wichtigste Käufergruppe, Spanier und Portugiesen, hat verläßlichen und ehrenvollen Charakter.

Wie anders dagegen der Indent etwa in Bombay. Detaillierte Vertragsbestimmungen, die die äußersten Eventualitäten ins Auge fassen, die den Käufer so fest als denkbar an seine Verpflichtungen zu binden, dem Verkäufer dagegen die weitestgehende Freiheit zu sichern verstehen. Gewöhnlich bindet sich der europäische Verkäufer an das Geschäft zuerst überhaupt nicht, obwohl von seiten des Käufers der Auftrag fest gegeben werden muß. Erst bis der Verkäufer in Europa entsprechend zu kaufen vermochte, teilt er dem Käufer in einem ununterschriebenen Report mit, daß er liefern werde; ist nichts anderes abgemacht, genügt, wenn diese Erklärung vier Wochen nach Ankunft des Indents in Europa abgeschickt wird. Dazu das Detail der Bedingungen: der Verkäufer kann das Ganze oder einen Teil liefern, 14 Tage früher oder später absenden, der Käufer muß sich aber auch noch spätere Lieferung gefallen lassen, wenn die Ware von dem betreffenden Liniendampfer nicht mitgenommen wurde — gleichgültig, ob sich der Verkäufer bei entsprechender Sorgfalt hätte Schiffsraum sichern können oder nicht —, stets eine Force-majeure-Klausel, die bis zum äußersten erstreckt ist — der Verkäufer ist auch entschuldigt, wenn er durch ein Verschulden des Fabrikanten, von dem er gekauft hat, an der Lieferung behindert ist, ohne Rücksicht, ob nicht die Ware anderwärts zu beschaffen wäre —, als Rechtsfolge des Lieferungsverzuges nur das Recht des Käufers, den Vertrag aufzuheben oder eine spätere Lieferung zu bewilligen (nicht zu verlangen!); dagegen strengste Rechtsfolgen für den Fall, als der Käufer nicht rechtzeitig akzeptieren und zahlen würde, Verschiffungsdokumente dabei früher immer nur gegen Bezahlung, nicht schon bei Akzept, das Reklamationsrecht des Käufers eingeschränkt auf wenige Tage u. s. f. Besonders charakteristisch sind aber zwei Klauseln. Der Käufer hat sich einem Schiedsgericht oder einem survey zu unterwerfen, die zumeist durch Wahl von je einem arbitrator bzw. surveyor seitens jedes der beiden Kontrahenten gebildet werden, wobei aber der Inder nur einen Europäer wählen darf. Und dann pflegt es im Indent, den der indische Kaufmann zu unterzeichnen hat, zu heißen: „Alles, was ich unten außer meinem Namen in indischen Schriftzeichen — die der Europäer zumeist nicht lesen kann — schreiben werde, soll null und nichtig sein.“ Der Europäer muß sich eben vor Hinterhältigkeit, Schikanen und Vertragsuntreue des Käufers mit allen Mitteln der Vertragstechnik schützen, er kann jedoch auch dem indischen Gegner die Akzeptierung von Vertragsklauseln zumuten, die sonst ein europäischer Kaufmann mit Entrüstung zurückweisen würde.

Durch den ganzen Orient aber — von Japan, wo es angefangen hat, bis einschließlich des Türkischen Reiches und Ägyptens — geht ein Emanzipationsstreben, ein Geist der Auflehnung gegen europäische Bevormundung und Ausbeutung. Und dieses Erwachen des Persönlichkeitsgefühls im Orientalen kommt auch schon wieder in der Technik des indischen Indents zur Geltung. Immer mehr sträuben sich die Inder, unterstützt durch Organisationen, die sie bilden, gegen die harten Indentbedingungen, die ihnen so lange Zeit auferlegt wurden, und eine große Bombayer Vereinigung indischer Kaufleute hat vor einigen Jahren Conditions of contract aufgestellt, die das bisherige Vertragsverhältnis zu den europäischen Verkäufern in seiner Eigenart geradezu umgekehrt hat; die Europäer aber — haben sich nach einigem Widerstreben die Bedingungen gefallen lassen.

Man könnte noch in vielem die Wirkungen verfolgen, die das Persönliche im Handel ausübt. Im Rahmen meines heutigen Vortrages konnte es sich nur um Andeutungen handeln, nicht um eine erschöpfende Darstellung. Jedenfalls dürfte aber deutlich zutage getreten sein, daß *der Handel ein Tätigkeitsfeld ist, auf dem die Persönlichkeit noch was wertet.* In diesem ziemlich freien, stetigen Aufeinanderwirken, Sichaneinandermessen strebender Menschen vermag auch die einzelne Persönlichkeit noch zur Entwicklung zu kommen. *Der Handel wirkt* in unserer Zeit fortschreitender Uniformierung und Unifizierung *als individualistisches Element, als ein Jungbrunnen der Persönlichkeit und damit* — schon allein — *als eine Hauptquelle der Kultur.*

Im Handel vermag aber auch die einzelne Persönlichkeit noch die *Lust* zu genießen, *sich auszuleben*, indem sie in weitgehendem Maße nach ihren Eigenarten Leben und Erfolg zu formen imstande ist. Darum ist auch die Lust am Handel — und wir wollen dabei an Handel im weiteren Sinne denken — ein gutes Zeichen für die Kraft der Persönlichkeit des einzelnen sowie für die Kraft und Frische eines ganzen Volkes. Wer Kraft besitzt, der findet Genuß daran, sie zu betätigen. Wir finden aber heute kein Volk, das mit mehr Lust daran wäre, sich an Handel in weiterem und engerem Sinne zu betätigen, als das deutsche Volk, das Volk, von dem man jahrhundertelang geglaubt hat, es sei vornehmlich nur ein Volk der Denker, Dichter und — Träumer. Nun ist es auch zum wirtschaftlichen Leben erwacht und freut sich dieses Lebens derart, daß man kaum bei einem anderen Volke in diesem Maße, in dieser Häufigkeit finden wird, daß die wirtschaftliche Arbeit, die wirtschaftliche Unternehmung nicht nur als Mittel zum Zwecke — zu dem Zwecke, sich durch die erworbenen Güter Genuß zu verschaffen — sondern als Selbstzweck betrieben wird, als Selbstgenuß. —

Und an der Spitze dieses Volkes steht ein Mann, der es wirklich und wahrhaftig repräsentiert. In seiner kraftvollen Persönlichkeit, die stets nach Betätigung drängt, der das Schaffen, der die Arbeit sichtlich Lust bedeutet und die naturgemäß das Bedürfnis empfindet, seinen Werken auch seinen Stempel aufzudrücken, in dieser Eigenart gilt er der Welt nicht nur als der gesetzliche Vertreter des Deutschen Reiches, sondern auch als der Repräsentant des heutigen deutschen Volkstums. Und weil er das ist, darum liebt ihn auch sein Volk, liebt ihn, auch wenn sein Persönlichkeitsdrang die Grenzen, die man einem konstitutionellen Monarchen zu ziehen allmählich sich gewöhnt hat, gelegentlich überschreitet und dem Widerstreit der Meinungen nicht aus dem Wege geht, ja — trotz allen Räsonnierens — gerade deshalb.

Er ist aber nicht nur ein Stück echten deutschen Volkstums, er trägt noch mehr in sich und hegt es: das Ideal vom deutschen Volkstum. Es gehört zu den schönsten Eigenschaften des Kaisers, daß er in der hohen Auffassung von seinen Aufgaben es als seine Pflicht erachtet, Wächter der Ideale des deutschen Volks zu sein und besonders das Ideal vom deutschen Volkstum zu schützen und zu fördern. Deshalb tritt er gegen alles auf, was das deutsche Volk von diesem Ideal abzurücken vermag, übertriebenen Luxus, Verweichlichung, großstädtische Entartungserscheinungen jeglicher Art — einschließlich des Tango. Und auf der anderen Seite sucht er zu fördern, was ihm geeignet erscheint, diesem Ideal näher zu kommen: Stählung von persönlicher Kraft und persönlichem Mut, ernste Lebensauffassung, ideale Gesinnung, Arbeitsfreude und Unternehmungsgeist.

Sichtlich betrachtet er auch den großzügigen Unternehmer, der mit Wagemut und Energie Vorbedacht und strenge Rechtlichkeit verbindet, als in der Richtung vom Ideal des deutschen Volkstums gelegen. Das vermag man an dem Behagen zu erkennen, mit dem er sich in der Welthandelsatmosphäre Hamburgs zu bewegen pflegt, sowie an der Wertschätzung, die er mancher ausgeprägten Persönlichkeit aus kaufmännischen Unternehmerkreisen offenkundig entgegenbringt.

Kommilitonen! In der schon ziemlich langen Zeit, die ich dem kaufmännischen Hochschulunterrichte widme, habe ich oft Gelegenheit gehabt, die Frage zu hören: ja, was hat man davon, wenn man diese Hochschule durchstudiert, welche Vorteile ergeben sich daraus? Ich will heute antworten: die Hebung der Persönlichkeit. Eine Hebung, die sich aus Bildung, aus sozialwissenschaftlichen Einblicken und staatsbürgerlichem Verständnis, aus gesteigertem Wissen und Können ergibt, eine Hebung, die, wie wir heute gesehen haben, gerade im Handel von ebenso eminenter privatwirtschaftlicher als volkswirtschaftlicher Bedeutung ist. Möge der Handels-Hochschule an Ihnen ihre Aufgabe voll gelingen und mögen Sie sich auf der Gundlage, die Ihnen das Handelshochschul-Studium bietet, in der späteren kaufmännischen Betätigung immer weiter entwickeln in der Richtung des Ideals des Kaisers: zu Kaufleuten, rein in der Sitte, energisch im Handeln, kühn und doch bedächtig in der Unternehmung, tüchtig im Widerstreit der Interessen, und so siegen auf dem Kampffelde des Welthandels, ebenso zum Nutzen ihrer selbst wie zu jenem des Vaterlandes!

FSC
www.fsc.org
MIX
Papier | Fördert gute Waldnutzung
FSC® C083411

Kolibri 360 GmbH
Ferdinand-Jühlke-Straße 7
99095 Erfurt, Deutschland
produktsicherheit@kolibri360.de